AF370262

EDICT DV ROY,

PORTANT SVPPRESSION

des Greffiers des parroisses, & Creation en tiltre d'Offices hereditaire des Commissaires à faire les Rolles des Tailles , & autres deniers tant ordinaires qu'extraordinaires : & de l'impost du sel.

Verifié en la Cour des Aydes le 16. Decembre 1616.

Ensemble les Arrests & Reglemens du Conseil d'Estat , tant pour la vente & establissement, que sur la fonction, exercice & droicts desdits Commissaires.

LOVIS par la grace de Dieu , Roy de France & de Nauarre , A tous presens & à venir, Salut. Depuis nostre aduenement à ceste Couronne, Nous auons par le prudent aduis de la Royne nostre tres-honorée Dame & Mere , & par le soing particulier qu'elle a eu de nos affaires durant sa Regence , eu en singuliere recommandation le soulagement de nos subjets , & sur tout empesché qu'ils n'ayent esté surchargez , jusques à ce que pour fournir aux despenses de nostre mariage , & celuy de nostre tres-chere sœur la Princesse d'Espagne , aux fraiz de la guerre , & à l'extréme despense du traitté de

A

la Paix, Nous nous sommes veuz non seulement
desnüez de tous moyens ordinaires, mais aussi en-
gagez en de grandes debtes, afin de licentier les
troupes de toutes parts, donner contentement à
ceux qui s'estoient retirez d'aupres de nous, & remettre cet Estat en repos. Encores depuis la publi-
cation & establissement dudit Traitté de Paix, n'a-
gueres fait à Loudū. Auons nous esté obligez pour
maintenir nostre auctorité & la paix entre nos sujets, de renouueller & augmenter ceste despense
pour l'enttetenement de plusieurs gens de guerre
que nous auons esté côtraints remettre sus , & lesquels nous auons aussitost licentiez que nous auós
reconnu qu'auec la grace de Dieu nous pouuons
maintenir nos sujets en repos souz nostre auctorité. En quoy il s'est fait vne si grande despense, que
nos Finances en sont non seulement espuisées,
mais la pluspart de nos Officiers & seruiteurs en-
gagez en leur particulier: tellemēt que nous voyās
sans moyens d'entretenir les charges & despenses
plus ordinaires de cét Estat , & necessaires pour
maintenir la Paix. Nous sommes contraints en ceste extréme necessité, pour le bien & conseruation
de nostre Estat , d'auoir recours aux extraordinaires les moins onereux & dommageables à nosdits
sujets:mesmes à ceux qui peuuent seruir à tenir les
choses en ordre, & au soulagement de nostre peu-
ple,specialement au fait des Tailles. Et nous ayant
entr'autres esté represēté que les Greffiers des Parroisses ont plusieurs auantages qui tournent à la
foule des habitans contribuables d'icelles, & qu'e-
stablissans en leur lieu autres Officiers en moindre
nombre, nous les pourrions reduire, de sorte que
nos sujets contribuables en receurôt soulagement,
& nous que que cômodité en la necessité presente

de nos affaires. Apres auoir mis cét affaire en deli-
beration en noftre Confeil, où eftoient la Royne
noftre tres-honorée Dame & Mere, aucuns Prin-
ces, Seigneurs, & plufieurs notables perfonnes. De
l'aduis d'iceluy & de nos propres mouuemens,
pleine puiffance & auctorité Royale. Nous auons
par cettuy noftre prefent Edict perpetuel & irre-
uocable, efteint & fupprimé, efteignons & fuppri-
mons lefd. Greffiers des Parroiffes, leurs Commis
& autres employez à faire & dreffer les rolles des
Tailles, Taillon, Cruës ordinaires & extraordinaires, & de l'impoft du Sel aux lieux où ledit impoft
eft eftably, enfemble les fix d. pour l. à eux attribuez
par l'Edict de leur creation: comme auffi defchargé
nofdits fujets de ce qui fe leue fur eux pour le feu,
bois & chandelle, accordé aux Affeeurs defdites
Tailles & Impoft, à la charge toutesfois de rébour-
bourfer les proprietaires defdits Greffes, & ceux
qui ont traicté pour le rachapt d'iceux, de la finance qu'ils juftifieront auoir actuellement payé fuiuant la verification & liquidation qui en fera faite
par les Commiffaires qui feront par nous deputez.
Au lieu defquels Greffiers, auons par cestuy noftre
prefent Edict, creé & érigé, creons & érigeons en
chef & tiltre d'office formé & hereditaire, vn Có-
miffaire à faire les rolles & departemens des fufd.
leuées de deniers, appellez auec luy les Affeeurs de
chacune Parroiffe des plus intelligens & capables,
lefquels feront nommez par les habitans d'icelles
en la maniere accouftumée, pour enfemble proceder aux jours qui feront prefix par ledit Commiffaire, fans difcontinuation à la confection des rolles, affiettes & cottifations fur chacun habitant
contribuable defdites Parroiffes Lequel Commiffaire fera eftably fur quatre ou fix Parroiffes, qui

contiendront quatre, cinq ou six cens feux, plus ou
moins , selon la distance des lieux , ainsi qu'il sera
aduisé pour la commodité desdites Parroisses. Au-
quel Commissaire auons attribüé & attribüons 12.
d. pour l. pour ses peines , salaires & vacations , de
tout ce qui sera imposé dans l'estenduë de sa charge, tant pour le principal de la Taille, Cruës y join-
tes , Taillons, Cruës ordinaires & extraordinaires,
de l'impost du Sel és lieux où ledit impost est esta-
bly. Et à ce que lesdits Commissaires puissent vacquer plus soigneusement & assiduëment à l'exercice de leurs charges sans diuertissement. Nous les
auons exemptez & exemptons de toutes charges,
de tutelle, curatelle , & d'estre establis Cõmissaires
& gardiens des biens saisis par auctorité de la Iusti-
ce, & de la Collecte de nosdites Tailles, Taillon &
Cruës , pour jouir par lesdits Commissaires desd.
exemptions, ensemble des autres priuileges cy deuant attribuez ausdits Greffiers à present supprim-
mez. Lesquels douze deniers pour l. Nous voulons
estre d'oresnauant compris & employez és Commissions qui seront expediées en nostre Conseil:
pour la leuée de nosd. Tailles , & en celles de l'impost du Sel, à commancer en l'année prochaine, &
payez ausdits Cõmissaires par les Collecteurs desdites Parroisses, de quartier en quartier: à la charge
de fournir par lesd. Commissaires a leurs despens
ce qui sera besoin pour lesdits feu, bois & chandelle, durant tout le temps qui sera employé à la confection desdits roiles, assiettes & departemens desdites Tailles , à la descharge desdits habitans contribuables: Lesquels demeureront semblablement
deschargez desdits six den. pour l. attribuez à chacun desdits Greffiers supprimez, comme dict est.
Si DONNONS en mandement à nos amez & feaux

Conseillers les gens tenans noſtre Cour des Aydes
à Paris. Que ces preſentes ils facent lire, publier &
regiſtrer, & le contenu en icelles inuiolablement
entretenir, garder & obſeruer, ceſſans & faiſás ceſſer tous troubles & empeſchemens au contraire:
Car tel eſt noſtre plaiſir, nonobſtant quelsconques
Edicts, Ordonnances, & toutes choſes à ce contrai-
res. Auſquelles & aux derogatoires y contenuës,
Nous auons de nos pleine puiſſance & auctorité,
derogé & derogeons par ceſdites preſentes. Auſquelles afin que ce ſoit choſe ferme & ſtable à tous-
jours, Nous auons fait mettre noſtre ſeel. Donné à
Paris au mois de Nouembre, l'an de grace 1616. Et
de noſtre regne le ſeptieſme. Signé, LOVIS. Et
ſur le reply, Par le Roy, DE LOMENIE. Et ſcel-
lées du grand ſceau de cire verte ſur double queuë,
en lacs de ſoye rouge & verte. Et à coſté,

*Leu, publié & regiſtré par le commandement du Roy,
porté par Monſieur le Comte de Soiſſons, aſſiſté des Sieurs de
Themines Mareſchal de France, de Chaſteau-neuf, de
Pontcarré & Ieannin, Conſeillers au Conſeil d'Eſtat de ſa
Majeſté: Ouy ce conſentant le Procureur General dudit
Seigneur. Faict à Paris en ſa Cour des Aydes, les Cham-
bres aſſemblées, le 16. jour de Decembre, l'an 1616.*

Signé,   BERNARD.

ARREST ET REGLEMENT DV
Conſeil d'Eſtat, pour la vente & eſtabliſſe-
ment deſdits offices de Commiſſaires.

LE Roy s'eſtant fait repreſenter en ſon Conſeil
ſon Edict du mois de Nouembre dernier, regiſtré en ſa Cour des Aydes à Paris, par lequel ſa Majeſté, pour retrancher le grád nombre de Greffiers
des Parroiſſes, Commis & autres perſonnes employez à faire & dreſſer les rolles des Tailles, Tail-

tiõ, Creuës ordinaires & extraordinaires, & de l'impoſt du Sel, & deſcharger ſes ſujets contribuables
des aduātages qu'ils prenoient ſur eux à leur grande foule & oppreſſion, auroit ſupprimé leſd. Greffiers des Parroiſſes, enſemble le droict de 6. d. pour
l. à eux attribüez par l'Edict de leur creatiõ, & deſ-
chargé leſdits cõtribüables de ce qui ſe leuoit ſur
eux pour le bois, feu & chandelle: Et au lieu deſdits
Greffiers creé & erigé en tiltre d'office formé hereditaire, vn Commiſſaire à faire & eſcrire leſd. rolles & departemens des ſuſd. leuées de d. Pour ap-
pellé auec luy les Aſſeeurs de chacune Parroiſſe,
des plus intelligens & capables, qui ſeront choiſis
& nommez par les habitans deſdites Parroiſſes, en
la maniere accouſtumée. Proceder enſemblement
aux jours qui ſeront prefix par ledit Commiſſaire
& ſans aucune diſcontinuation, à la cõfection deſdits rolles, aſſiettes & cottization ſur chacun habitant contribuable aux droicts de 12. d. pour l. pour
ſes peines, ſalaires & vacations. Et à la charge qu'il
ſera tenu de fournir & ſatisfaire à ſes deſpens à la
charge deſd. contribuables, ce qui ſera beſoin pour
ledit feu, bois & chandelle. Et deſirant ſadite Majeſté que ſeſdits ſujets contribuables reçoiuent,
non ſeulement du bien & ſoulagement en la ſup-
preſſion & retranchement fait par ſon Edict, d'vn
ſi grand nombre d'Officiers employez à la confection deſdits rolles: mais auſſi conſeruer & maintenir ſeſdits ſujets contribuables en leur liberté &
franchiſe, de faire chois & nomination entr'eux
des plus intelligens & capables pour Aſſeeurs, &
qu'iceux Aſſeeurs ayent leur voix libre, & auec le
meſme pouuoir qu'ils ont eu par le paſſé, taxent &
cottizent leſd. contribuables, ce que chacun d'eux
deura payer deſdites Tailles, Taillon, Creuës ordi-

naires & extraordinaires & de l'impoſt du Sel , &
de toutes autres leuées de deniers par cõmiſſions
& aſſiettes particulieres , le plus juſtement & eſga-
lemẽt que faire ce pourra , eu eſgard à leurs moyẽs
& facultez , ſans qu'ils y puiſſent eſtre contrariez
ny empeſchez. Sadite Majeſté en ſondit Conſeil, a
ordonné & ordonne que leſdits Cõmiſſaires creez
par ledit Edict , feront & eſcrirõt les rolles de toutes les ſuſdites leuées de deniers deſdites Tailles,
Taillon, Creuës ordinaires & extraordinaires , &
autres leuées de deniers par commiſſions & aſſiettes particulieres , pour quelque cauſe & occaſion
que ce ſoit & de l'impoſt du Sel , ſelon les taxes &
cottizations qui ſeront faites par leſdits Aſſeeurs
de chacune Parroiſſe , choiſis & nommez comme
dict eſt , par les habitans d'icelle en la maniere accouſtumée. Et qu'auſdites taxes & cottizations
leſdits Aſſeeurs ſeront tenus & abſtraints de va-
quer ſans aucune intermiſſion aux jours qui leur
ſeront prefix par ledit Commiſſaire, ſans que leſdits Commiſſaires puiſſent en aucune façon
que ce ſoit , eſtre reſponſables , ny tenus des
taux & ſurtaux qui ſeront faits par leſdits Aſſeeurs , attendu qu'ils n'ont voix deliberatiue à
l'aſſiette deſdites Tailles. Que conformément aud.
Edict leſdits offices de Commiſſaires ſeront com-
poſez ſur quatre, cinq ou ſix parroiſſes , contenant
quatre,cinq ou ſix cens feux,plus ou moins , ſelon
la diſtance des lieux, & ainſi qu'il ſera aduiſé, pour
la commodité des Parroiſſes par les Commiſſaires
deputez par ſadite Majeſté ou leurs ſubdeleguez.
Et à ceſte fin qu'ils ſe feront repreſenter par les
Greffiers des Eſlections & Greniers à Sel,les aſſiettes & departemens qu'ils ont par deuers eux deſd.
Tailles & impoſt du Sel, pour par leſdits Commiſ-

faires & leurs subdeleguez , estre procedé le plus
diligemment que faire se pourra, à la vente desdits
offices en heredité, par simples encheres, tiercemés
& doublemens, au plus offrant & dernier encheris-
seur, selon les pouuoirs & instructions qui leur en
seront expediez : Et à la charge neantmoins que les
proprietaires desdits Greffes, ne pourront estre de-
possedez qu'ils ne soient prealablement & actuellement remboursez de la finance qu'ils verifieront
par deuant lesdits Commissaires ou leurs subdeleguez , auoir payé , sans fraude , ny desguisement.
Côme aussi ceux qui ont contracté pour le rachapt
desdits Greffes des Tailles & de l'impost du Sel en
certaines années de ce que raisonnablement leur
appartiendra, & qu'il leur sera ordonné par lesdits
Commissaires ou leursdits subdeleguez , eu esgard
au temps de leur jouissance depuis leursdits contracts. Et ce sur le pied pour ceux qui auront jouy
la moitié du temps porté par leursdits contracts,
de la moderation & diminution qui sera faite du
tiers du principal de la finance payée pour lesd. offices de Greffiers. Et pour ceux qui aurôt jouy plus
ou moins dudit temps, leur sera sur ledit pied , & à
proportion fait ladite moderation & diminution.
Que les deniers qui prouiendront de la vente desd.
offices de Commissaires hereditaires & d'vn sol
pour l. que seront tenus payer les adjudicataires,
outre le prix principal de leur adjudication , pour
employer à partie des fraiz de la commission, serôt
receus par les Tresoriers des parties Casuelles, Mes
Iean de Ligny , Honoré Barentin & Nicolas Ser-
uient ou leurs Commis, porteurs de leurs quittan-
ces, & que sur icelles lesd. Commissaires ou leursd.
dits subdeleguez expedieront leurs contracts de
vente aux adjudicataires , suiuât lesquels contracts

& en vertu d'iceux, & sans que lesdits adjudicataires soient tenus obtenir autres prouisions & rati-
fications, ny payer autre finance & droict du marc
d'or, dont sa Majesté les a dispensez & deschargez.
Seront iceux adjudicataires receus & mis en pos-
session desdits offices, par lesdits Esleuz & Grenetiers des lieux, & les droicts de douze deniers pour
liure des susdites leuées & impost de Sel à eux attribuez, payez par les Receueurs & Collecteurs
desdites Parroisses, aux termes, & comme ils sou-
loient faire les droicts desdits Greffiers supprimez.
Voulant aussi sadite Majesté que lesdits adjudicataires ne puissent estre tenus ny contraints payer
pour les fraiz & acte de leur reception, que la som-
me de 60. s. A sçauoir ausdits Esleuz & Grenetiers
40. s. au Procureur de sadite Majesté & au Greffier
chacun dix s. sans que lesdits Esleuz, Grenetiers,
Procureur du Roy & Greffier, puissent pretendre
ny demander plus grand salaire, sur peine de concussion. Permettant en outre sadite Majesté ausd.
adjudicataires d'exercer lesdites charges de Commissaires en personne, si bō leur semble ou y com-
mettre, & iceux affermer à personnes capables,
dont ils demeureront respōsables ciuilement. Faict
au Conseil d'Estat du Roy tenu à Paris, le 19. jour
de Ianuier 1617. Signé, MALLIER.

ARREST DE REIGLEMENT DV
Conseil d'Estat du Roy du 9. Iuin 1618. sur la fonction, exercice, & droicts des Commissaires
des Tailles, & de l'impost du sel.

SVR la Remonstrance faicte au Roy en son Cō-
seil par les Commissaires generaux deputez par
sa Maiesté pour l'execution des Edicts de creation

des Offices de Commiſſaires des Tailles, & de l'impoſt du ſel , au reſſort de ſes Cours des Aydes de
Paris, Roüen, & Montferrand: Que depuis l'adiu-
dication par eux , où leurs ſubdeleguez faite deſdits offices, en la pluſpart des ſieges des Eſlectiõs,
& Greniers a ſel , il s'eſt preſenté infinis diferends
entre leſdits Commiſſaires & les officiers deſdites
Eſlections & Greniers : Et encores entre les habitans & Aſſeeurs des parroiſſes , & leſdits commiſſaires , tant ſur la fonction deſdites charges , que
ſur les droicts qu'ils ſont tenus payer pour leur reception. Sa Majeſté s'eſtant fait repreſenter leſdits
Edicts de creation des mois de Nouembre 1616. &
Mars 1617. & les arreſts du Conſeil des 11. & 19.
Ianuier , 11. Février , 21. Mars, & des 16. Nouẽb. &
Deceb. 1617. & autres dõnez en execution deſd. E-
dicts. Enſemble l'Edict de creation des offices de
Greffiers des tailles en tiltre d'office de l'an 1575.
par lequel il eſt attribué aux Greffiers des Eſlectiõs
5.ſ.tournois pour l'acte de receptiõ deſd. greffiers ,
ſans qu'il ſoit permis auſdits Eſleuz d'en prendre
aucune choſe. Les Edicts de creatiõ, & autres, faits
ſur la reuente des offices de Regrattiers , & Collecteurs de l'impoſt du ſel, & les arreſts & reglemens
de ſes Cours des Aydes interuenus ſur la verification & execution deſd. Edicts, iceux conſiderez.
1. Sa Maieste' en ſondit Conſeil , deſirant faire
ceſſer les contentions qui pouroyent ſuruenir en
la reception, & fonction deſdits Commiſſaires, en
ſorte que la leuée de ſes deniers ne ſoit retardee:
Ordonne qu'il ſera procedé incontinent a la reception deſdits Commiſſaires des Tailles par les
officiers des Eſlections , & par les Greneriers &
Controlleurs a la reception des Commiſſaires de
l'impoſt du ſel , ſur vne ſõmaire information, ſans

que lefdits officiers puiffent pretendre autre droit
pour falaire & vaccation, que 40. fols, tant pour ladite information, que droict de ferment. Et com-
bien qu'il y ait plufieurs parroiffes affectees a vn
office de Cômiffaire, lefdits officiers des Electiôs,
où Greniers, Procureurs du Roy, & Greffiers, ne
pourront pretendre que 60. fols : fçauoir 40. fols
pour lefdits officiers, 10. fols pour lefdits procureurs du Roy, & dix fols pour lacte de receptiô des
Greffiers, fuiuant les arrefts dudit Confeil des 19.
Ianuier, & 16. Nouemb. 1617. a peine de concuffiô.
2. S'il arriuoit qu'vne mefme perfonne pourueu
de plufieurs offices, fe vouluft faire receuoir aufdits offices, payera aufdits officiers defdites Eflections, où Greniers a fel, autant de droicts de reception qu'il aura d'Offices.
3. Si les adiudicataires defdits offices qui auront
efté receuz en iceux, & payé les droicts fufdits aufdits officiers d'Eflections, où Greniers, procureurs
du Roy, & Greffiers, cômettent a l'exercice defd.
Offices, ou les baillent à ferme, les commis & fermiers feront feulement tenus de prefterferment de
bien & fidelement exercer lefdits Offices, fans information, & fans payer autre droict que cinq fols
pour le falaire du Greffier.
4. Et d'autant que plufieurs perfonnes fe font ré-
dus adiudicataires defdits Offices, par ce qu'ils fôt
hereditaires, qui ne defirent en faire l'exercice, ny
fe faire receuoir en iceux, ains y cômettre, ou bailler a ferme, comme les Greffes des Bailliages, Se-
nechauffees, & autres Iurifdictions royales, ainfi
qui leur eft permis : SA MAIESTE' ordonne qu'ils
ne pourront eftre contraints a fe faire receuoir,
mais feulement que ceux qui feront commis, &
nômez par lefdits adiudicataires pour faire la char-

ge & fonction defdits offices, ou ceux aufquels ils
auront baillez a ferme , feront tenus fe faire receuoir efdites Eflections , où greniers , & payer le
droict cy deffus de 60. f. pour chacun office feulement, encores qu'il y euft plufieurs perfonnes cómis & nommez és parroiffes dont l'office eft com-
pofé. Et en cas de continuation de la ferme , où có-
miffion pour l'exercice a vne mefme perfonne, a-
pres le temps expiré de leur bail , où commiffion,
ne feront tenus lefdits commis , où fermiers de fe
faire receuoir de nouueau , ny prefter aucun ferment: Defquels commis & fermiers lefdits adiudi-
taires demeureront refponfables ciuilement.

5. SA MAIESTE' defirát faciliter la leuée de fes den.
entend auffi que le Commiffaire foit tenu eflire
domicile en vne des parroiffes cóprifes en fon adjudication , à fon choix & option, & faire fignifier
ladite eflection de domicile au procureur findicq
defdites parroiffes, où icelle faire publier au prof-
ne des Meffes parrochiales de toutes lefdites parroiffes dont lefdits offices font compofez: Ace que
les Affeeurs qui feront nommez par les habitans,
n'en puiffent pretendre caufe d'ignorance.

6. Que lefdits Affeeurs feront tenus , lors que les
Cómiffions expediées par les efleuz & Greneriers,
pour la leuée des d. du Roy, leur auront efté mifes
és mains par les Sindicqs , Marguilliers, où fabri-
ciers des parroiffes en donner aduis aufdits Commiffaires, leurs fermiers, où cómis, le pluftoft qu'ils
pourront , afin qu'il ait incontinent a bailler iour
certain aux Affeeurs de chacune parroiffe , dont
lefdits offices feront cópolez , pour proceder auec
eux a l'affiette & departement: Enfoignant aufd.
Affeeurs de fe trouuer aux iours & heures qui feront affignez par lefd. Cómiffaires, vacquer & tta-

tailler inceſſament a ladite aſſiette & departement
auec eux ; Sçauoir le matin depuis ſept heures iuſ-
ques a vnze , & apres midy depuis vne heure iuſ-
ques a 5. à peyne d'eſtre tenus du retardemér des
d. de ſa Majeſté,& des fraiz,deſpens , & ſeiour dudit Cõmiſſaire,en leur propre & priué nõ , ſans re-
petition ſur le corps des habitans de la parroiſſe.
7. FAICT auſſi ſa Majeſté defences auſd. Aſſeeurs,
& aux Collecteurs des Tailles , de preſenter leurs
rolles d'icelles aux Eſleuz , qu'ils n'ayent eſté cal-
culez, arreſter, & ſignez par les Commiſſaires des
Tailles,leurs commis,où fermiers, à peine de deux
cẽs l. d'amande,& aux eſleuz de les receuoir autre-
ment, ſur les meſmes peines.
8. QVE le droict de douze d.attribué auſd. Cõmiſſaires ſera aſſis & impoſé ſur toutes leuées des den.
ordinaires & extraordinaires.Reject de Taux,non
Valleurs , & Aſſiettes particulieres, dont ſera faict
rolle ſur les habitãs des parroiſſes,ſuinãt leſd. Edi.
& arreſts du Cõſeil des 12. & 19. Ianuier , 11. Feu.
21. Mars,& 16. Nouẽb. & Decẽb. 1617. Et payé auſdits Cõmiſſaires par les Collecteurs de chacune
parroiſſe , dont led office ſera cõpoſé , de quartier
en quartier : A quoy faire ils ſeront cõtraints ſoli-
dairemẽt, cõme pour les propres d. & affaires de
ſa Majeſté,ſur l'extraict dud. rolle , contenãt la cõme à laquelle mõtera led. droict , ſigné (ſeulemẽt)
dudit Cõmiſſaire , où de ſon commis , où fermier.
9. Et d'autant que ſa Majeſté a eſté bien informée,
qu'il y a aucunes Eſlections, eſquelles les Eſleuz
pour empeſcher la vente deſd. offices, eſperant les
auoir cy apres plus aiſément a vil prix,ont expreſ-
ſemẽt & a deſſein obmis,de faire aſſeoir & impoſer
led. droict ſur leſd. leuees , meſmes ſur les princi-
pales & ordinaires,où aucunes d'icelles: ORDONNE

sa Majesté que les Esleuz qui aurōt assisté aux māde-
mens & commissions d'icelles leuees , où ledit
droict aura esté obmis , seront contraints chacun
d'eux solidairement , & par corps , au payement
des sommes ausquelles led. droict pourra monter,
sauf a le faire en apres imposer & leuer pour leur
remboursement , s'il y eschet.

10. ORDNNEaussi sa Maiesté, que les estats de
partition desd. 12. d. pour l. faits par lesdits sieurs
Commissaires generaux , où leurs subdeleguez és
Eslections & Greniers a sel pour ce qui en appartient auxGreffiers desTailles,&dud. impost,suprimez,
Pour la despéce du bois,feu,charbon, & châ-
delle, és lieux ou il est accoustumé d'en faire leuee,
Pour ce qui reuient à sa Majesté desd. 12.d.& ce qui
en doit estre payé aux Cōmissaires des tailles,& de
l'impost du sel , depuis le jour du payemēt par eux
faict du prix de leurs offices , seront entierement
suiuis , obseruez , & executez: Encores que lesdits
Greffiers,Commissaires, & Collecteurs n'ayēt esté
presens,ny appellez lors de lad. partition, ayant sa
Majesté iceux auctorisez, & vallidez. Et seront les
Collecteurs des tailles&dud. impost,cōtraints cō-
me pour d. royaux,au payement du contenu ausd.
estats , nonobstant tout ce qui pourroit auoir esté
(où estre) ordonné au contraire par les Thresо-
riers de France , Esleuz , Grenetiers.

11. QVE les estats de partition desd. 12. d. pour l.
du droict desd. Commissaires des tailles , & dudit
impost du sel,serōt par lesd. Esleuz, & Grenetiers,
Commissaires subdeleguez , mis dās 8. iours apres
la signification a eux faite du present arrest de Reglement,és mains de Mᵉ Iacques Plosson,commis
par sa Majesté à la recepte des d. reuenans bōs desdits 12. d, & six d. pour l. afin de recouurer par luy

ce qui en reuiét de bon à fa Majeflé des Collecteurs
Receueurs des Tailles, Grenetiers, où autres perfonnes qui en peuuét auoir fait la recepte, lefquels
feront tenus & contraints comme deffus, & tout
ainfi que pour les d. & affaires de fa Majeflé, au
payement defdits d. reuenans bons, & a payer auffi
aux Greffiers, & Commiffaires des tailles, & dudit
impoft, ce qui leur en appartient, fans que lefdits
Grenetiers puiffent prerendre aucun rembourfe-
ment de fraiz, ny vaccation pour l'enuoy des com-
miffions aux parroiffes, pour l'impofition des 12,
d. & fix d. d'autant qu'ils font tenus dudit enuoy
par le droict de 5. f. pour minot attribué aux officiers defdits Greniers, ny auffi aucunes taxations
pour la recepte qu'ils peuuent auoir faite du reue-
nant bon defdits 12. d. & defd. fix d. pour l. à peine de concuffion : attendu que lefd. d. ne doiuent
entrer en leurs mains, & ne font de la qualité de
ceux pour lefquels il leur a efté attribué taxation.
12. Pour le regard de ce qui depend de fa Cour des
Aydes de Roüen, feront lefdits d. receuz par ledit
Plaffon, ou fes commis, fuiuant l'arreft du Confeil
de fa Majeflé, du 16. Decembre 1617. Eftats qui en
feront faits & baillez par les Commiffaires generaux deputez par fa Majeflé pour l'execution dud.
Edict, ou leurs fubdeleguez : A quoy lefdits fubdeleguez feront contraints par les mefmes voyes &
contraintes que deffus, 8. jours apres la fignifica-
tion qui leur fera faite du prefent arreft & Reglement, pour eftre ceux qui auront receu lefdits d.
contraints au payement & reftitution d'iceux par
les mefmes voyes & contraintes que deffus, & fans
qu'il foit employé aucune chofe efdits eftats pour
bois, feu, chandelle, & façon de rolle, attendu qu'il
ne s'en eft jamais leué aucune chofe en Norman-

die, les Collecteurs en estans tenus.

13. Defend sa Majesté aux Thresoriers generaux de France, de prendre aucune connoissance des adjudications faites desdits Offices de Commissaires des tailles & de l'impost du sel, ny de la reception desdits officiers, & de les abstraindre à leur representer leurs contracts d'adjudications, de prendre aucune attache, où ordōnance d'eux, ny a leur payer aucune chose, où a leurs Greffiers. Ce que sa Majesté leur deffend tres-expressement, à peine de concussion, la connoissance desdites adjudications estant remise ausdits Commissaires generaux, & leurs subdeleguez, & la reception, & installation desdits Officiers, ausdits Esleuz & Greneriers, seulement.

14. Ordonne sa Majesté le present arrest estre signifié ausdits Tresoriers de France, & ausdits Officiers des Ellections, & Greniers à sel, en parlant à leurs Greffiers : Ausquels officiers des Ellections, & Greniers à sel, Sadite Majesté enioinct de garder, & faire garder & observer le present Reglement en leurs sieges & ressorts, & iceluy faire lire & publier en chacun d'iceux, à peine d'estre tenus des contrauentions en leurs priuez noms, de suspentions de leurs offices, & de plus grande peine s'il y eschet. Et aux Cours des Aydes y auoir esgard, en procedant au iugement des differents qui pourroient cy apres interuenir. Faict au Conseil d'Estat du Roy, tenu pour ses finances à S. Germain en Laye le 9. jour de Iuin 1618.   Signé.

B A R D I N.

Collationné aux originaux par moy Conseiller Notaire,
& Secretaire du Roy.